モチベーション・アップ ドリル

仕事も生活もいきいきと

菊入みゆき
Miyuki Kikuiri

はじめに

　これは、モチベーションについて、可能な限りシンプルに書いた本です。モチベーションを育む考え方や実践的な方法を、わかりやすく説明しました。

　モチベーションは、二つの意味から、とても大切です。

　第一に、モチベーションは、仕事の成果に強く関係します。能力や経験が同じ二人がいたら、モチベーションが高い人のほうが、高い成果をあげることができます。それは、職場で高く評価されることにつながります。評価されれば、現実的な処遇のアップなど、さまざまなメリットを受けることになるでしょう。

　第二に、モチベーションは、その人自身の日々の喜び、満足感を高めます。「よし、やるぞ」、「がんばろう」という気持ちですごすことで、毎日が、その人らしい充実したものになります。

　成果をあげるため、充実した毎日を送るために、モチベーションは欠かせないものです。この本を通して、自分に合ったモチベーションの向上法を見つけましょう。

　「最近、何となく張り合いがない」と思うとき、この本のページをめくってください。ヒントが見つかるはずです。

そして、「いまは、モチベーションが高く、何の問題もない」と思う人も、その状態を維持し、さらによい結果につなげるために、本書を活用してください。

この本には、職場でよく目にするエピソードや事例を、数多く盛り込んでいます。「こういう人、いるいる」、「自分にも経験がある」と共感しながら、興味をもって読んでいただけるのではないかと思います。

また、この本は、読む方々が実際に書き込みをしたり、自己分析をしたりしながら、読み進めるしくみになっています。一般的な知識や理論だけでなく、自身のモチベーションの特徴や状態についても、把握することができるのです。

一日の仕事が終わったあとや、週末などに、この本を開き、自分のモチベーションを振り返ってみましょう。あるいは、通勤電車の中で、少しずつ読み進めるのもよいでしょう。

事例が多く、書き込み式を採用した本書は、社内研修のテキストとしても、活用していただけることでしょう。

この本が、あなた自身のモチベーション・アップ、そして職場のモチベーション・アップに役立つことを、心から願っています。

2007年10月吉日

菊入みゆき

CONTENTS

はじめに　ii

第1章　モチベーションってなに？

- Sect.1-1　高いモチベーションを記憶する　2
  - ドリル1　最近モチベーションがあがったこと　3
- Sect.1-2　モチベーションとは　4
  - Case1【営業所の新入社員、河合さんの事例】　4
  - Case2【営業所の2年目社員、梨本さんの事例】　5
- Sect.1-3　モチベーションは行動を引き起こし、結果を変える　7
- Sect.1-4　あなたのモチベーションについて考える　9
  - ドリル2　モチベーションを数字で表してみよう　9
  - Case3【河合さんの記入例】　10
  - Case4【梨本さんの記入例】　10

コラム　モチベーション・アップ術1　12

第2章　モチベーションのモト

- Sect.2-1　モチベーションのモトをリストアップする　14
  - Case5【営業に携わる川口さんの記入例】　14
  - ドリル3　あなたのモチベーションのモトは何ですか？　16

Sect.2-2	モチベーションのモトを活用する	17
	Case 6【メーカーの財務部に勤める中野さんの事例】	17
	ドリル 4　モチベーションのモトを活用しよう	18
Sect.2-3	モチベーションのモトを増やす	20
	Case 7【メーカーの販売店支援部に勤める香川さんの事例】	21
	ドリル 5　モデリングしてみよう	22
コラム　モチベーション・アップ術 2		24

第3章　モチベーション・サイクルを回そう

Sect.3-1	行動が次のモチベーションを引き起こす	26
	Case 8【社内勉強会の幹事を任された西川さんの事例】	26
Sect.3-2	モチベーション・サイクルで考える	28
	ドリル 6　モチベーション・サイクルを描いてみよう	30
	Case 9【金融会社でカスタマーサービスに携わる浜本さんの記入例】	30
Sect.3-3	行動を結果につなげる	32
	Case 10【企画会社でプランナーとして働く鹿本さんの事例】	32
	ドリル 7　行動を結果につなげよう	34
コラム　モチベーション・アップ術 3		36

CONTENTS

第4章 悩みのタイプ別 モチベーション・アップ法

Sect.4-1	「この仕事、自分に合っていない気がする」	40
	Case 11【営業所勤務3年目の藤田さんの事例】	42
	ドリル 8 適職感をもとう	44
Sect.4-2	「人間関係がうまくいかない」	46
	Case 12【先輩との不仲に悩む仁科さんの事例】	46
	ドリル 9 人間関係の悩みを乗り越えよう	47

コラム 道具でモチベーション・アップ　51

第5章 人生を楽しむモチベーション

Sect.5-1	充実していた時期について考える	54
	Case 13【エネルギー関連企業に勤める浅野さんの事例】	54
	ドリル 10 充実していた時期を振り返ろう	56
Sect.5-2	つらかった時期について考える	57
	Case 14【経理部に勤める近藤さんの事例1】	57
	ドリル 11 つらかった時期を振り返ろう	59
Sect.5-3	いまはどのような時期かを考える	61
	Case 15【経理部に勤める近藤さんの事例2】	61
	ドリル 12 いまはどのような時期だろう	62

Sect.5-4		もっている資源を活用する	65
	ドリル 13	もっている資源を確認しよう	66
コラム		自己効力感でモチベーション・アップ	68

第6章　周りの人のモチベーションをあげる

Sect.6-1		周りをあげると、自分もあがる	72
Sect.6-2		相手のモチベーションをあげた経験を振り返る	73
	Case 16	【新入社員を指導した掛川さんの事例】	73
	ドリル 14	相手のモチベーションをあげた経験を振り返ろう	75
Sect.6-3		相手のモチベーションを下げてしまった経験を振り返る	77
	Case 17	【飲料品の営業に携わる加納さんの事例】	77
	ドリル 15	相手のモチベーションを下げてしまった経験を振り返ろう	79
Sect.6-4		相手の良いところを見つける	80
	Case 18	【旅行会社のカウンター業務に携わる金山さんの事例】	80
	ドリル 16	相手の良いところをリストアップしよう	81
コラム		鏡のコミュニケーション	84

第7章　モチベーションの変化を促す

Sect.7-1		変化するモチベーション	86
	Case 19	【商社で貿易業務に携わる新条さんの事例】	86
	ドリル 17	モチベーションを刷新しよう	89

CONTENTS

Sect.7-2	**発信すれば、受信できる**	90
	ドリル 18 発信しよう	92

おわりに―この本を閉じたら		93
	ドリル 19 この本を閉じたら、最初にすること	95

著者紹介　　　　　　　　　　　　　　　　　　　　　　　　　96

第1章
モチベーションってなに？

この章では、モチベーションの
定義と特徴について説明します。
モチベーションの特徴として
結果を変えるものであること
そして、モチベーション自体が変化するもの
であることがあげられます。
自分のモチベーションを
よりよい結果を出すものに変化させましょう。

Sect. 1-1 高いモチベーションを記憶する

　最近、モチベーションがあがったのは、いつですか？
どんな場面で、どんなふうにあがったのでしょうか？
　「上司に評価されたとき。みんなの前でほめてくれた。照れくさいけど、嬉しかった。」、「任されていた仕事が、もう少しで完成、というとき。3カ月間、それにかかりっきりでがんばってきて、ついに最後の詰めの段階に来たので、ほんとうに必死になった。」、「作った報告書をお客様に見せて、説明するとき。何日もかけて準備し、事前に上司と想定問答をして説明の練習をし、その日は勝負スーツを着て出かけるほど、力を入れた。」など、いろいろなケースが考えられます。

　モチベーションがあがったときの気分、体の感覚を思い出してみましょう。

　「お腹の底から、力が湧いてくる感じ」、「気持ちはもりあがっているけれど、頭はいつもより冷静でさえていて、アイデアがどんどん湧いてくる」、「楽しい気分で仕事ができるので、あまり疲れを感じない」などのように、具体的な気持ちや、体のどのあたりにどのような感じがあるのかを思い起こしてください。

以下に記入してみましょう。

ドリル1　最近モチベーションがあがったこと

どんな場面で、どのようにあがりましたか？

___

そのときの気分、体の感覚はどうでしたか？

___

ONE POINT アドバイス　モチベーションがあがったときの感覚を呼び起こし、文章にすると、いままた、モチベーションがあがってくるような気がします。これは、とても大切なことです。意識と体は、あなたがモチベーションを起こすプロセスを記憶しているのです。もし、あなたが思うタイミングで、このプロセスをよみがえらせることができれば、自分のモチベーションを高い状態に保ちやすくなります。

　今後も、自分のモチベーションを意識して、高くなったときには、「いま、高くなったな。この感じだ。」というように確かめてみましょう。

Sect. 1-2 モチベーションとは

さて、それでは、そもそもモチベーションとはいったい何なのかを考えてみます。

"MOTIVATION"ということばの和訳を見ると、"動機づけ、やる気"とあります。多くの場合、モチベーションは、"やる気、意欲"の意味で使われます。もう少し詳しくいうと、"行動に向かう心の動き"です。"行動を起こす力"といういい方がわかりやすいかもしれません。モチベーションによって、行動が起こるのです。起こった行動がどれくらい強いのか、どのような方向に向かうのか、どれくらい継続するのかが、モチベーションによって決まります。

例えば、上司から仕事を頼まれたときのことを考えてみましょう。

Case 1 営業所の新入社員、河合さんの事例

ある営業所の課長と、新入社員の河合さんの事例を紹介します。2人の会話を聞いてみましょう。

課長「河合さん、これ、15人分コピーとってくれる?」
河合「はい、わかりました。もしかして、午後の会議の

資料でしょうか？」
課長「そうだ。大事な会議の資料だから、ミスのないように頼むよ」
河合「わかりました」

　河合さんは、自分が渡された書類の束が重要なものだと知り、「ミスがないように」と考えながら、コピー機に向かいます。できあがったコピーのそれぞれの枚数、ページの順番を確認します。コピーには「15部」という付箋を、もとの原稿には「マスター原稿」という付箋をつけて、課長に渡します。

　会議は、資料にページの抜け落ちなどがなく、スムーズに進みました。課長は、「河合さんは仕事がていねいで、安心して任せられる」と感じました。

Case2 営業所の2年目社員、梨本さんの事例

　さて、一方、入社2年目の梨本さんの場合です。
課長「梨本さん、これ、コピーしてくれないかな？」
梨本「はい」

　書類を受け取り、コピー機に向かう梨本さん。課長は慌てて、
課長「梨本さん、コピーは15部、頼むよ」

梨本「15部ですか？　はい」

　15部のコピーをとり終えた梨本さんは、特にページを確認せず、そのまま課長のところにもっていきます。

梨本「できました」

課長「ああ、ありがとう。あれ？　マスターの書類は？」

梨本「え？　あ、すみません。コピー機のところに忘れてきました」

　課長は、「仕方ないなあ」というような、困った様子です。会議では、2人の出席者から資料の中にページが足りないという申し出があり、コピーをとり直すなどの支障が生じました。

　どうですか？　コピーをとるという、さほどむずかしくない仕事であっても、担当する人によってずいぶん違うものだと思いませんか？　自分のこと、周りの人のことなどで、思い当たることはなかったでしょうか？

Sect. 1-3 モチベーションは行動を引き起こし、結果を変える

　河合さんの事例と梨本さんの事例から、次のことがわかります。

　河合さんは、課長に頼まれた「コピーをとる」という仕事に、高いモチベーションでのぞみました。その結果、梨本さんが起こさなかった行動を起こしています。

① コピーが何に使われるのかを尋ねる。

② できあがったコピーのページを確かめる。

③ わかりやすく付箋をつける。

　一方、梨本さんは、課長の依頼に対し、河合さんほど高いモチベーションをもちませんでした。前記の、河合さんのような行動は起こしませんでしたし、さらに、コピーが何部必要かさえ聞かず、マスター書類を返却することも忘れました。モチベーションによって、起こす行動が変わってくることがわかります。

　また、2人の一連の行動によって、結果も変わりました。

　まず、会議のスムーズさです。河合さんのコピーは、よく確認されていましたから、何の問題もありませんでした。梨本さんは、その反対です。

また、課長からの評価も変わります。課長は河合さんに対しては高い評価をし、梨本さんに対しては困ったものだという印象をもちました。

　このように、モチベーションは行動と結果に影響を与えます。モチベーションは、あなたの行動を起こすもの、あなたの仕事の結果を変えるものなのです。

Sect. 1-4 あなたのモチベーションについて考える

　あなたの、いまの仕事に対するモチベーションを考えてみましょう。高いですか？　低いですか？　仕事を始めたころと比べるとどうですか？

　モチベーションの高さを、下の表に記入して数字で表してみましょう。自分のモチベーションの状態を、より具体的につかむことができます。

　河合さんと梨本さんの記入例も参考にしてください。

ドリル2　モチベーションを数字で表してみよう

●いまの仕事に対するモチベーションは、100を満点とすると、（　　　　　）点。その理由は、
（

　　　　　　　　　　　　　　　　　　　　　　　）

●モチベーションは、仕事を始めたころに比べると、
（あがった　変わらない　下がった）〈該当するものに○をつけてください〉。その理由は、
（

　　　　　　　　　　　　　　　　　　　　　　　）

Case3　河合さんの記入例

●いまの仕事に対するモチベーションは、100を満点とすると、（　100　）点。その理由は、
（いまは、とにかく仕事を覚えようという気持ちがある。まだ新米なのだから、どんな仕事でも、えり好みせず、せいいっぱいやりたいと思っている。　　　　　）

●モチベーションは、仕事を始めたころに比べると、（⓪上がった　変わらない　下がった）。その理由は、
（最初の頃も高かったと思うが、何がなんだかわからず、不安もあった。いまは上司や先輩ともコミュニケーションがとれるし、職場にも慣れてきたので、モチベーションを保ちやすいのではないかと思う。　　　　）

Case4　梨本さんの記入例

●いまの仕事に対するモチベーションは、100を満点とすると、（　40　）点。その理由は、
（自分はこの仕事に合わない。昨年も異動願いを出したのに、ダメだった。　　　　　　　　　　　）

●モチベーションは、仕事を始めたころに比べると、（上がった　変わらない　(下がった)）。その理由は、(最初は、何とかがんばろうと一生けんめいやっていたが、成績はあがらないし、今年は後輩にも抜かされそうで、自信喪失気味。　　　　　　　　　　　)

ONE POINT アドバイス　モチベーションは、人それぞれ違います。同じ職場にいて、同じ仕事をしている人でも、まったく違うということがあり得るのです。

　さらに、同じ一人の人の中でも変化します。梨本さんも、最初からモチベーションが低かったわけではなく、以前は「一生けんめいやっていた」と書いています。いま、モチベーションが低い人でも、これからあがっていくかもしれないし、いまとても高い人でも、下がる可能性もあるということです。

　より高く、あなたらしいモチベーションに変化する方法を一緒に考えていきましょう。

コラム

モチベーション・アップ術 1

　「行き詰まった」、「何となくやる気が出ない」と思ったとき、あなたは、どうしていますか？「だめだ。もっとがんばらなければ」と自分を責めたり、「う～ん」と考え込んで、頭を抱えたりしていませんか？

　そんなときは、体を動かすことをおすすめします。

　まず、その場で胸を張ってみましょう。やる気が出ないときは、猫背になったり、肩に力が入ったりして、姿勢が悪くなっていることがあります。

　胸を張り、大きく深呼吸しましょう。できれば、立ちあがって両腕を上に伸ばし、全身を伸ばします。

　少し体を動かすだけで、気持ちがリフレッシュします。時間があれば、散歩をしたり、軽く走ったりするのもよいでしょう。それができない場合は、先ほどの深呼吸や伸びに、自分に合う簡単なストレッチを加え、あなた独自の"モチベーション・エクササイズ"を考案しましょう。

　「行き詰まったら、"モチベーション・エクササイズ"だ」と思うだけで、気持ちが軽くなるものです。

　簡単なことですが、効果大ですよ。

第2章
モチベーションのモト

この章では、モチベーションの要因
モトについて考えます。
いまのあなたのモチベーションのモトは何か
それをどう活用するか
モトを増やすためにはどんな方法があるかを
明らかにしていきます。

おはようございます

おはよう

Sect. 2-1 モチベーションのモトをリストアップする

　あなたは、どんなことがあるとモチベーションがあがりますか。何が、あなたのモチベーションの源、モトになっているのでしょうか。

　自分のモチベーションのモトを把握し、これからのモチベーション・アップに役立てましょう。

　下記の例を見てください。営業に携わる川口さんが、モチベーションのモトをリストアップしたものです。

Case 5　営業に携わる川口さんの記入例

あなたのモチベーションのモトは何ですか？
1. 契約がとれたときの達成感
2. 顧客から信頼されていると感じること
3. 上司に認められること
4. 自分の成長
5. ボーナス
6. ときどき同僚と飲みに行って、パッと発散すること
7. 彼女
8. 親への感謝の気持ち

川口さんのリストを見て、どう思いましたか？「そういえば、それもある」と思いつくこともあったかもしれませんね。
　川口さんのリスト以外にも、次のような項目が、モチベーションのモトとして、よくあげられます。
「職場の人間関係がいいこと」
「いまの仕事が、自分に合っていると思えること」
「自分はプロだという意識」
「"ありがとう" と感謝されること」
　ユニークなものでは、以下のような項目もあります。
「毎日のランチの楽しみ」
「"おはようございます" という、あいさつでモチベーションのスイッチが入る」
「トラブル。"ようし、ぜったい解決してやる" と、モチベーションがあがる」

　あなたと共通するものはあったでしょうか？
　あなたのモチベーションのモトを、以下にいくつでもリストアップしてください。

ドリル3　あなたのモチベーションのモトは何ですか？

1.
2.
3.
4.
5.
6.
7.
8.
9.
10.

　書いてみた感想は、いかがでしょうか？　「あまりたくさん思いつかなかった。ふだん意識していないのかもしれない。」、「けっこう、いろいろなモチベーションのモトがあると、自分ながら感心した。」など、それぞれの思いがあることでしょう。

　まずは、自分のモチベーションを支えているものが何かを確認しましょう。

Sect. 2-2 モチベーションのモトを活用する

　モチベーションのモトを確認したら、次に、それを活用することを考えます。

　営業の川口さんは、"契約がとれたときの達成感"を最初にあげています。これをもっと強く実感できたら、モチベーションはさらに高くなるでしょう。例えば、契約がとれたときの「やった」という気持ちを、自分の中でしっかり意識するようにしてみます。目の前のお客様にも、心からお礼をいい、今後の抱負を口にするのもよいでしょう。

　「ありがとうございます！　必ずご満足いただけるように、精一杯がんばります！」などです。

　あるいは、上司にすぐ報告する、信頼できる同僚などと喜びを分かち合うのも良いですね。

　達成感が自分のモチベーションを支えているのだとわかったら、それを高めるように工夫するのです。

Case6　メーカーの財務部に勤める中野さんの事例

　中野さんは、大学時代に始めたサーフィンをいまも続けています。

「サーフィンは、私にとって欠かせないモチベーションのモトですね。入社４年目で、任せられる仕事の量が増えて、責任も重くなってきましたが、サーフィンをやっているおかげで、気持ちの切り替えができています。よく、取引先からも、"いつも元気いっぱいで、いいですね"といわれるんですよ。」

　中野さんは、サーフィンの予定を定期的に入れ、それを一つのめどにして、仕事に集中するのだそうです。

　モチベーションのモトを活用している良い例です。

ドリル4　モチベーションのモトを活用しよう

あなた自身のモチベーションのモト活用法を、以下に記入してください。

ONE POINT アドバイス　モチベーションのモトを意識するだけでも、効果があります。

また、活用法は、営業の川口さんのように、仕事に直結した内容でも、中野さんのように、プライベートなことであってもかまいません。自分に合った方法を自由に考え、試してみましょう。

Sect. 2-3 モチベーションのモトを増やす

　あなたは、モチベーションのモトをいくつ書き出しましたか？　モチベーションのモトは、ある程度、数のあるほうが、モチベーションが安定します。

　「モチベーションのモトは、給料。それだけです。」という人の場合、もしも給料が少しでも下がったり、あるいは他の業界と比べて低いことがわかったりすると、モチベーションが急降下する可能性があります。

　しかし、もし給料のほかにも、「達成感を感じる」、「同僚とのチームワークがよい」、「自分の能力を伸ばせる」などのモチベーションのモトがあれば、それらが引き続きモチベーションを支えてくれます。

　では、どうすれば、モチベーションのモトを増やせるでしょうか？

　一つの方法として、目標になる人を決め、その人の行動を参考にすることがあげられます。

　これは、「モデリング」といわれているものです。自分以外の人の行動を自分の行動に取り入れることで、新たな視点や考え方が生まれます。それは、新たなモチベーションのモトをも生み出します。

Case 7 メーカーの販売店支援部に勤める香川さんの事例

香川さんに、社内で目標とする人、参考にしたい人はだれかを聞いてみました。

「目標というと、何だか大げさですが、こういうところはぜひ参考にしたい、と思うことはあります。例えば、いまの上司の課長がそうです。課長は、いつも自分たちより一段上の視点でものごとを見て、的確な判断をします。」と香川さんはいいます。

では、課長のそういうすばらしい面を、どうやって自分の行動に取り入れればよいでしょうか？

「そうですね。課長になったつもりで、職場全体を見渡すようにしてみるといいかもしれません。自分のことばかりに焦点を当てるのではなく。何かを判断するときに、ちょっと立ち止まって、自分がもし課長の立場なら、と考える習慣が身につくと、いいですね。」

香川さんは、実際にそのような行動をとるようにしました。そして、高い視点をもっているということが、自分の自信になり、その自信がやがてモチベーションのモトになっていったのです。

あなたは、だれのどのようなところをモデリングしますか？ 以下に記入してください。

ドリル5　モデリングしてみよう

周りの人の行動で、参考にしたいと思うことを1つ選んで書いてください。

どのように、自分の行動に取り入れますか？

いつ、どのような場面で試してみますか？

モデリングしている自分をイメージすることができましたか？　ぜひ、行動に移してみましょう。

ONE POINT アドバイス

モデリングによって、いままでとったことのない行動パターンをとることができます。そして、「やってみたら、意外におもしろい」、「こういうやり方をしたら、周りの人からの反応が格段に良くなった」などの、新たな発見がもたらされます。それが、新しいモチベーションのモトにつながるのです。

周りの人の行動を見て、良いと思ったら、どんどんモデリングしましょう。そして、うまくいったら、自分の成功パターンとして定着させるのです。うまくいかなかったら、やり方や使う場面を変えてみます。あるいは、違う人をモデリングしてみます。

あなた流にさまざまなアレンジをしてみましょう。

コラム モチベーション・アップ術2

　いくらがんばろうと思っても、どうしてもモチベーションが高まらない。スランプから抜け出せない。そんなときもあると思います。

　思い切って、休みをとったり、仕事を早く切り上げたりするのも、一つの方法です。疲れがたまり、モチベーションが湧かないのに、何となく会社にいてしまう。よけいにモチベーションがダウンする。そんな悪循環に入っていることも多いものです。

　体を休め、気持ちをほぐすことを真剣に考えましょう。長い目で見ると、そのほうが効率的だったりします。

　もし、休暇をとることがむずかしかったら、気持ちを切り替えるためのスイッチをもちましょう。

　ある管理職の男性は、一日の仕事が終わったとき、仕事のことをすべて忘れるように心がけているそうです。

　「オフィスの目の前に大きな横断歩道があります。そこを渡るときが、気持ちを切り替えるタイミングです。渡りながら、ちょっと頭を振ってみたりしてね。振り落とすというイメージです。気のせいかもしれませんが、効くような気がします」と教えてくれました。

　仕事モードのスイッチを切る、一種のしかけですね。モチベーション・ダウンも、そこでいったんリセット。パッと気分を切り替えて、翌日の仕事を新たなモチベーションで始めましょう

第3章
モチベーション・サイクルを回そう

この章では
モチベーション→行動→結果→満足感
というサイクルで
モチベーションをとらえます。
あなたのサイクルはうまく回っているか
さらに円滑に回すにはどうするかを
考えましょう。

Sect. 3-1 行動が次のモチベーションを引き起こす

　モチベーションは、行動を引き起こすものです。つまり、順序としては、モチベーションが起こって、次に行動が起こることになります。

　短い時間の中で考えると、そのとおりなのですが、実は、もう少し長い目で見ると、行動した結果が、またモチベーションにつながってもいるのです。モチベーションと行動は、ニワトリと卵のような関係です。

　始める前は、「めんどうくさいな」と思ったことが、やってみると意外におもしろくて、どんどんはかどった、という経験はありませんか？　それは、先に行動があって、それが次のモチベーションを引き起こした例です。

Case 8　社内勉強会の幹事を任された西川さんの事例

　西川さんの会社では、毎月、社内勉強会を開催しています。その幹事役として、5人の若手社員がプロジェクト・チームを作り、1年の任期を果たすことになっています。今年は、西川さんが幹事の一人に選ばれました。

　「幹事任命の通知が来たときには、"え？！　冗談だろ

う。こんなに忙しいのに、そのうえ勉強会の面倒まで見なくちゃいけないの？"と、かなりネガティブな受け取り方をしていました。

　認識が変わったのは、最初のプロジェクト・ミーティングのときです。他の部門のメンバーと話し合うのが楽しいし、仕事のときとは全然違う頭を使うので、けっこうおもしろくて。勉強会の講師と会って、打合せをしたりすると、刺激を受けますしね。現金なもので、おもしろいとわかったら、"よし、がんばろうじゃないか"という気持ちになりましたよ。」

　西川さんの場合、いやいやながら行動を起こしてみたら、おもしろい、楽しいという気持ちが湧き、それが次のモチベーションにつながりました。

　この事例から、まずは行動を起こすことが大切だとわかります。行動が次のモチベーションをもたらすのです。あれこれ考えて立ち止まったままでいるよりも、歩き出しましょう。どうしてよいかわからなかったら、だれかに尋ねましょう。それも行動を起こすことです。

　失敗をおそれずに、まず始めてみましょう。失敗からも学ぶことができ、次の成功につながります。

Sect. 3-2 モチベーション・サイクルで考える

モチベーションと行動を含むサイクルは、図3-1のように表すことができます。

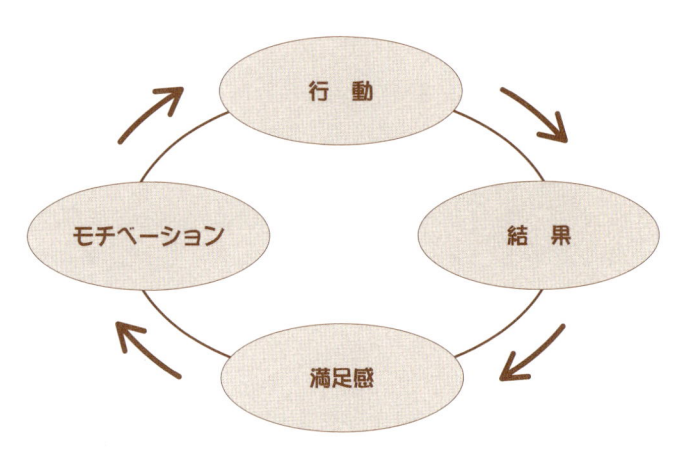

図3-1　モチベーション・サイクル

例えば、先の西川さんの事例を、モチベーション・サイクルに当てはめて考えてみると、次のようになります。

> 行　動　プロジェクト・ミーティングに参加する
> ↓
> 結　果　他部門の社員と話し合い、いつもと違う頭を使う
> ↓
> 満足感　楽しい、おもしろいと感じる
> ↓
> モチベーション　よし、がんばろうじゃないかと思う
> ↓
> 行　動　より熱心に勉強会のプロジェクト活動をする
> ↓

　あなたのモチベーションを図に当てはめると、どうなるでしょうか？　これまでで、あなたの行動が良い結果を生み、モチベーションがあがった経験を思い出してください。

ドリル6 モチベーション・サイクルを描いてみよう

記入例を参考に、図3-2に書き入れてみましょう。

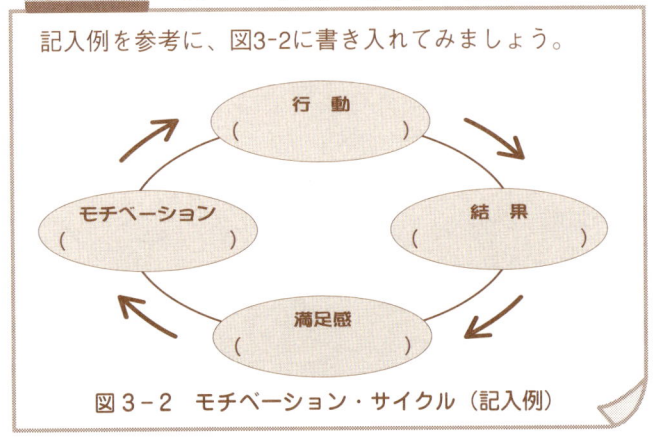

```
        行 動
        (    )
   ↗            ↘
モチベーション      結 果
  (    )        (    )
   ↖            ↙
        満足感
        (    )
```

図3-2 モチベーション・サイクル（記入例）

Case 9 　金融会社でカスタマーサービスに携わる浜本さんの記入例

```
        行 動
   (笑顔で接客をする)
   ↗                ↘
モチベーション         結 果
 (がんばろう)      (顧客から感謝される)
   ↖                ↙
        満足感
       (嬉しい)
```

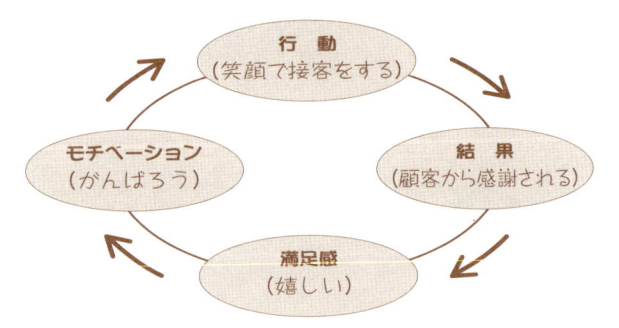

図3-3 金融会社でカスタマーサービスに携わる浜本さんの記入例

ONE POINT アドバイス　図にしてみると、モチベーションの好循環が整理できると思います。いろいろな場面で、この好循環を回せるように、モチベーション・サイクルを意識しましょう。

　次のような問いを、自分に投げかけてみてください。

「行動を起こしているだろうか？」

「行動したことが結果につながっただろうか？」

「結果への満足を実感しただろうか？」

「満足感が、次のモチベーションにつながっただろうか？」

Sect. 3-3 行動を結果につなげる

起こした行動がよい結果につながれば、満足感が得られ、それが次のモチベーションにつながります。サイクルが回るのです。

行動を結果につなげることを考えてみましょう。例えば、次のような例があります。

Case 10 企画会社でプランナーとして働く鹿本さんの事例

「僕の仕事で結果というのは、自分のプランが顧客に認められ、実行してもらえることです。そういう結果を出すために、日々いろいろなことをしています。

例えば、顧客に提出する企画書を作るときが、そうです。完成が近いというときに、必ず、"もうひと工夫できないか"と考えるんです。もうすぐ完成する、というときって、気持ちがはやって、企画書を完成させることを目的にしちゃうんですね。でも、違う。きれいに企画書を作ることが目的じゃないんです。目的の本質を忘れがちな、そのタイミングで、"もうひと工夫"と考えます。企画書を、顧客の目線で、"もっとよくならないか？"と見直すんです。

実際、そういうときに付け加えたひと工夫が評価されて、企画が通ることも多いんですよ。」

　鹿本さんは、完成間近というタイミングで"もうひと工夫"することで、行動を結果につなげています。

　これは、参考になる方法だと思います。鹿本さんのやり方には、二つのポイントがあります。

　一つは、"もうひと工夫"という考え方です。現状に満足せず、さらに良いものにしようという姿勢です。これが、結果につながります。

　もう一つは、タイミングです。鹿本さんは、完成間近というタイミングを選んで、自分の仕事を見直しています。鹿本さんは、「自分の場合は、そのときが最も効果的だ」と判断したのです。

　あなたの仕事では、どのタイミングが最適でしょうか。それぞれの仕事に合わせて、チェックポイントを設けることで、行動が結果につながりやすくなります。

ドリル7　行動を結果につなげよう

いま担当している仕事に、もうひと工夫するとすれば、どんなことが考えられますか？

例）現在、新商品のキャンペーン中だが、いまいち振るわない。説明の際、お客様のニーズに合わせ、商品の特徴を1つか2つに絞り込んで説明してみようと思う。

自分の仕事について、「もうひと工夫できないか？」という見直しをするとしたら、どのタイミングですか？

例）顧客との打合せの直前。終了後も、「次に工夫するとしたら何だろうか？」と考えてみる。

ONE POINT アドバイス あなたは、自分の手がけた仕事が、どんなでき具合だったか、確認していますか？ 自分として満足できるのか、かかった時間はどうだったのか。自分の仕事の結果を、複数の視点で見てみましょう。

でき具合を確かめることには、二つの利点があります。一つは、気持ちのうえで、仕事の区切りを実感できることです。達成感や充実感をもつことで、モチベーションが高まります。

もう一つは、次の仕事のヒントを見つけられることです。できを確認すると、「ここは、うまくいった。次もこうやってみよう。」、「ここはよくない。次は違う方法を試そう。」と思えます。確認は、自分の仕事の質を高め、自身を成長させることができる、大切なプロセスです。

結果の確かめ方には、以下のようなものがあります。

＜自分自身での確認＞

① 目で見る、耳で聞く、触って確かめる
② 形のないものの場合は、自分なりに数値化する
③ 依頼の内容や条件と照らし合わせる
④ 自分の以前の仕事と比べる
⑤ 所要時間を確かめる
⑥ 仕事を始めるときにイメージしたできと比べる

＜他の人の反応による確認＞
① 上司や同僚に見せて意見を聞く
② 関係する他部門の社員に意見を聞く
③ 依頼主やユーザに意見を聞く

モチベーション・アップ術 3

　用意するものは、ノート1冊、ペン1本。これでモチベーション・アップが可能です。

　ノートに、仕事で新しく気づいたこと、覚えておきたいと思ったことを、すべて書き留めていきましょう。できる限り、その場その場で書いてしまいます。1,2分でできる作業です。

　オフィス機器の営業に携わる葉山さんのノートを見てみましょう。

- ライバル社の新製品○○は、新技術□□を使用
- シックスシグマの基本ステップ：Measure（測定）→ Analyze（分析）→ Improve（改善）→ Control（管理）
- 新規顧客J社の経常利益、昨年対比120％
- 当社の今期のスローガン「顧客ファースト」

こんな具合です。ジャンルを問わず、見聞きして、大切だと思ったこと、覚えておきたいと思うことを、どんどん書き留めていくのです。

　これは、あなたの知識の宝庫です。1日1度、週に1度読み返してみましょう。ノートに書いたことが確実に胸に刻み込まれ、身についていきます。

　やがてこのノートは、2ページ、3ページと埋まり、それが何ページにもなります。1冊書き終わるころには、あなたの知識も格段に増えているでしょう。書いたページの量は、あなたの成長を表しているのです。

　具体的な形として目に見える自分の成長は、モチベーションに大きな影響を与えます。

第4章
悩みのタイプ別 モチベーション・アップ法

モチベーションに影響を与える代表的な要因として
適職感と職場の人間関係があげられます。
この章では、事例をもとに
「仕事が自分に合わない」という適職感にかかわる悩み
「職場の先輩とうまくいかない」という
人間関係の悩みについて考えます。
これらを解決することで
モチベーション・アップを図りましょう。

Sect. 4-1 「この仕事、自分に合っていない気がする」

「仕事が自分に合わないので、モチベーションが高まらない」というケースを、しばしば耳にします。適職感をもてないことが、モチベーションの低下につながっているのです。

適職感がもてるような対策を講じることで、モチベーションを向上させましょう。

まず、仕事が自分に合わない、という気持ちは、どんなプロセスで起こるのでしょうか。

多く見られるのは、以下の4つです。

<"不"適職感1：うまくできない>

うまくできないと、「自分に合わない」という気持ちになります。学生時代の勉強でも、計算問題がうまく解けないと、「数学は苦手だ」と思いがちです。仕事も同じで、どうしてよいかわからなかったり、良い結果が出せなかったりすると、適職感をもてません。

<"不"適職感2：性格・指向性と合わない>

仕事の形態ややり方が、自分の性格や指向性と合わないケースです。人と会い、話をするのが好きな人が、一

日中オフィスにいてだれとも話さない仕事をしていたら、苦痛でしょう。「自分に合わない」と思います。

＜"不"適職感３：価値観と合わない＞

例えば、企業利益を追求するということ自体が、自分の価値観に合わないというケースもあります。そんな人が企業に勤めると、「仕事が自分に合わない」と感じることになります。

＜"不"適職感４：職場に合わない＞

職場の状況も適職感に影響します。職場の居心地が悪いと、仕事自体を「自分に合わない」と感じることがあります。これは、正確にいえば、適"職場"感なのですが、適職感としてとらえてしまうのです。

いかがですか？　あなたがもし、「仕事が自分に合わない」と感じているとしたら、４つのどのケースに当たるでしょうか？

「合わない」という気持ちを、より具体的にすることで、対処の方法を探ることができます。

次の事例を考え、自分自身のケース、周りの人のケースの参考にしましょう。

Case 11 営業所勤務3年目の藤田さんの事例

　藤田さんは、新卒で中堅の音響機器メーカに就職しました。1カ月の新人研修を終えると、すぐ営業所に配属になり、今年で3年目になります。

　藤田さんの最近の表情は、あまり明るくありません。今朝は、出社したとたんに所長に呼ばれました。
所長「藤田さん。先週渡したアプローチ・リスト、どこまで消化できている？」
藤田「はい。申し訳ありません、ちょっと忙しくて、なかなか進んでいないんですが…」
所長「忙しいって…。それこそが君の仕事なんだから。とにかく、リストから1件でも2件でも、契約にこぎつけてくれ。」

　藤田さんは、さらに暗い顔になりました。
「やっぱり、僕は営業の仕事に向いていないんですよ。いえ、別に人と会うのが嫌いなわけではありません。すでにいい関係ができている既存のお客様とはうまくやれていて、そのあたりの売上げは順調です。

　ただ、新規顧客への営業が苦手なんです。所長にいわ

れたアプローチ・リストがそれなんですが、初めての人に電話をして、アポイントをとるというのは、ほんとうにむずかしい。うまくやれた試しがありません。

　他部門への異動もなかなかかないませんし、転職したほうがいいのかなと思っています。」

　「営業の仕事に向いていない」と藤田さんはいいます。しかし、「人と会うのが嫌いなわけではない」ともいっています。40ページで紹介した＜"不"適職感 2：性格・指向性と合わない＞というケースには、当てはまらないようです。

　「アポイントをとるのがむずかしい」、「うまくやれた試しがない」というコメントで、＜"不"適職感 1：うまくできない＞のケースに該当することがわかります。良い結果を出せず、"苦手"意識が芽生え、それが"不"適職感につながっているのです。

　あなたが藤田さんにアドバイスをするならば、それはどのような内容ですか？　次のページに記入してください。

ドリル8　適職感をもとう

藤田さんが、新規顧客営業を成功させる方法を身につけるには、どのようにすればよいと思いますか？

藤田さんが、自分の長所をいまの仕事に活かすとすれば、どのような方法が考えられるでしょうか？

ONE POINT アドバイス

対策をいっしょに考えてみましょう。

＜対策1：うまくいく方法を身につける＞

職場の先輩や同僚などで、新規顧客への営業がうまい人を見つけます。その人の行動を観察し、参考になる点がないかを探します。良いと思ったら、モデリングをしてみます。

また、自分の状況を話して、サポートを求めるという方法もあります。彼らがアポイントをとるために電話をかけるのを、そばで聞かせてもらったり、顧客を訪問するときに同行させてもらいます。そのあと、質問したり、解説を

してもらったりして、さらに深く、彼らのやり方を理解します。

あるいは、藤田さん自身が新規顧客に電話をするとき、そばで聞いてもらったり、営業に同行してもらい、アドバイスをしてもらいます。営業所長など上司に依頼して、これらのコーディネートをしてもらうことも考えられます。

相手の協力があってのことですから、藤田さん自身が、「絶対に成功させたい」という強い意志をもち、真摯に依頼することが大切です。

もし、1件でも新規顧客へのアプローチがうまくいったら、藤田さんの気持ちは、ずいぶん違うものになるでしょう。

＜対策2：いまの長所を活かす＞

既存顧客との仕事は順調、ということです。ここに力を注ぐという方向があります。既存顧客との取引を発展させ、売上げを拡大するのです。

あるいは、既存顧客から新しい顧客を紹介してもらいます。まったく知らない人にアプローチするよりは、ずっとハードルが低いでしょう。自分の長所を伸ばし、それを会社への貢献につなげることで、苦手意識を払拭します。

他にも考えてみると、いろいろな方法があります。適職感がもてないと思ったら、その気持ちがどのようなものなのかを具体的にみきわめて、対策を考えてみましょう。

Sect. 4-2 「人間関係がうまくいかない」

　職場の人間関係は、モチベーションに大きな影響を与えます。人間関係を円滑にすることで、モチベーションをアップさせましょう。

　事例に沿って考えてみます。

Case 12　先輩との不仲に悩む仁科さんの事例

　仁科さんは、いまの食品会社に新卒で入社し、今年で5年目になります。最初の2年は総務部に、その後は財務部に所属しています。

　仕事自体はおもしろく、また、財務の専門スキルを身につけることもできるので、将来のためにもなると思っています。しかし、一つ悩みがあるのです。同じ部の先輩社員のことです。

　その細田さんという女性は、10数年財務部に勤務するベテラン社員で、職場の主のような存在です。あるとき、細田さんのミスを、たまたま仁科さんが指摘したところ口論になり、それ以来、二人の関係は険悪な状態が続いています。細田さんは、仁科さんが話しかけても完全に無視。話す必要があるときは、メールを送ってきま

す。仁科さんの仕事には、みんなの前でいちいちケチをつけ、上司にも仁科さんを悪くいっているようです。

仁科さんは、取り合わないようにしていますが、ストレスは溜まります。

「ばかばかしいようなことなんですが、いやな気分ですね。出社するのが憂うつになります。」と仁科さんはいいます。

ドリル9　人間関係の悩みを乗り越えよう

もし、あなたが仁科さんにアドバイスをするなら、どのような内容ですか？

ONE POINT アドバイス

うまくアドバイスができたでしょうか？　いっしょに考えてみましょう。

まず、現状を把握しましょう。いくつかの視点で、仁科さんの気持ちや状況をとらえ直すのです。

<仁科さんのモチベーションの視点>

モチベーションは、100を満点としたら、何点なのか。そのモチベーションを支えているものは何か、逆に低下させているものは何か。それらの中で、細田さんのことはどれくらいの比重を占めているのか。

<職場全体の視点>

職場の中では、二人の問題はどのようにとらえられているのか。同僚から、上司からはどのように見えるのか。

<キャリアの視点>

仁科さんのキャリアの中で、いまはどのような時期か。細田さんとの問題を解決することは、キャリアにどのような影響を及ぼすか。

私たちは、気がかりなことがあると、つい、その部分ばかりを拡大して見てしまいます。問題から一歩身を引いてみましょう。状況がいつもと違って見えるはずです。「それほど深刻な問題ではないかもしれない」、「やはり重大な問題だ。真剣に考えよう」など、思いも新たになるでしょう。

対策としては、以下の二つの方向が考えられます。

一つには、大きな目標や夢に意識を向け、行動することです。もう一つは、いま気がかりな問題に、正面から対峙することです。

　現状を分析して、問題は思ったほど深刻ではない、と判断したときは、一つめの方向が効果を発揮するでしょう。

＜対策１：大きな目標や夢に集中しよう＞

　いまの問題は、あえていったん意識の外に置きます。そして、将来の目標や夢を描き、そちらに意識を集中します。あるいは、いまの仕事そのものに気持ちを傾けます。

　財務のエキスパートとして独立できるくらいの技量を身につける、財務部の責任者になる、など、達成したいイメージを描き、それに向かって行動を起こします。

　もし、将来のことは漠然としてわからない、というのなら、いまの仕事に焦点を合わせます。「もっと、いい仕事ができないか？」、「何か、もっと工夫して、レベルの高い仕事ができないか？」という具合です。

　財務に関する勉強を始めてもよいでしょう。資格取得のための研修や通信教育を受講したり、本を読んだりするのも一つの方法です。また、他の企業の財務担当者と情報交換できるような場に参加すると、いままでにない刺激を受けると思います。

　最初は気がかりな人間関係問題を忘れるため、という思

いもあるかもしれません。しかし、具体的に動くと、気持ちは変わります。自分が変わると、周囲の状況も変わります。細田さんの気持ちを変えることにもつながるでしょう。

＜対策２：問題に正面から対峙してみよう＞

いろいろな視点から現状を見た結果、問題は深刻で、急を要すると判断したら、正面から向かい合う方向を考えます。

細田さんと話し合ってみるのです。その際、事前に、どうなることが理想なのかを整理しておきましょう。「細田さんとの関係が通常に戻り、不快感なく仕事ができる」などです。それを頭に描いていれば、おのずと、どのように話し合ったらよいかが見えてくるはずです。相手を打ちのめすことや決裂することが目的ではないと、確認しましょう。

その他の事前準備も、いくつか考えられます。

例えば、信頼できる人に相談して、アドバイスをもらう、上司に報告しておく、相手の視点に立って、自分の行動がどう見えたかを考えておく、話し合いのシミュレーションをしてみる、などです。

話し合いの方法も、いろいろあるでしょう。１対１で話す、上司など第三者に立ち会ってもらう、文書などの形でこちらの気持ちと主旨を伝える、などです。いずれにしても、こうなりたいというイメージをもち、相手の立場も考慮して最適な方法を考え、実行に移すことです。

道具でモチベーション・アップ

　新しいビジネス・スーツを買うと、それを着て出社するのが楽しみになったり、新しいパソコンを使うと、仕事がいつもより楽しく感じたりする、という経験はありませんか？

　ものをうまく使うと、モチベーションをアップさせることができます。

　見慣れないもの、使い方のわからないものに接すると、私たちは、いつもより集中して情報を得ようとします。新しいものは、気持ちにも刺激を与えるのです。

　マンネリ気味かなと感じたら、仕事の道具や身の回りのものを変えて、気分を一新しましょう。

　洋服や身につけるものは、その人のイメージと強く結びついています。自分が理想とするイメージに合うようなものを選んでみましょう。常に冷静で、てきぱきと仕事をこなす人をめざすなら、どんなスーツを着るのか。活動的なリーダーなら、どんなモバイルをもつのか。

　逆に、いつものイメージと違う装いをすることも、自分と周りを刺激します。新しい面を発見することができるからです。

　気軽に、楽しみながら、モチベーション・アップしましょう。

第5章
人生を楽しむモチベーション

この章では、長期的な視点で
モチベーションを見ていきます。
これまでの充実していた時期
つらかった時期を振り返り
いまがどんな時期かを確認します。
そして、今後どう人生を楽しみ
困難を乗り切るかを考えます。

Sect. 5-1 充実していた時期について考える

あなたのいままでの人生で、良かった、楽しかった、充実していた、と思える時期はいつですか？ その時期の、どのようなところが良かったのですか？

最初に、事例を読んでみましょう。

Case 13 エネルギー関連企業に勤める浅野さんの事例

「僕の一番良かった時期は、入社してから3年目くらいまでです。学生時代も、もちろん楽しかったんですが、ただそれだけだったような気もします。社会人になって、会社で仕事をしてみると、刺激があるし、おもしろいんですよね。責任をもって仕事をして、いろいろなことを覚えて、やりがいがあるんです。勉強より、僕には合っています。仕事って楽しいものだと思いました。」

エネルギー関連の企業に入社して、今年で4年目になる浅野さんは、こう語ります。

浅野さんが最初に配属されたのは、営業部門でした。3年間、活気のある先輩社員たちに囲まれ、充実した毎日をすごしたようです。

「実は、今年から事業本部に異動になって、いまは楽

しいというより、必死にやっています。ただ、あの3年間で、社会人としての基礎ができたんで、いま、多少きつくてもやっていけるんだと思います。」

少し厳しい表情で、浅野さんは話を終えました。

浅野さんのいまの状況を聞くと、最初の3年間の意味が、いっそう深く理解できます。楽しく充実していただけでなく、社会人としての基礎を作る、大切な期間でもあったのですね。

充実していた時期、そして、その時期があなたの人生にもつ意味を考え、次のページに記入してみましょう。

ドリル 10　充実していた時期を振り返ろう

これまでの人生で、良かった、充実していた、と思う時期は、いつですか？

___

その時期は、どのような気持ちで、毎日をすごしていましたか？

___

どのようなところが、あなたにとって良かったのでしょうか？

___

その時期に、得たもの、学んだことは何ですか？

___

Sect. 5-2 つらかった時期について考える

今度は、これまでに経験した、つらい時期、スランプの時期、うまくいかない時期について考えてみます。

次の事例を読んでください。

Case 14　経理部に勤める近藤さんの事例1

これまでの人生で、つらかった、うまくいかなかった、と思う時期は、いつですか？
　去年の今頃。職場の雰囲気が非常に悪く、きつかった。

その時期は、どのような気持ちで、毎日をすごしていましたか？
　ぴりぴりしたムードに、毎日息が詰まりそうだった。皮肉や怒鳴り声が飛び交い、こんな状況が長く続くようなら、真剣に進退を考えなければと思っていた。

どのようなところが、つらかったのでしょうか？
　周りの人たちのいやな面が見えてきて、ショックを受けた。みんないいところをもっているのに、残念だった。

どのように、その時期を乗り越えたのですか？
　できるだけ快活にふるまい、また、自分なりに発散するようにした。職場以外の人と接触をもったり、休みにスポーツをしたり。そのときのネットワークは、いまも役立っている。

　近藤さんの例を参考に、あなたのつらかった時期について考え、右のページに記入してください。

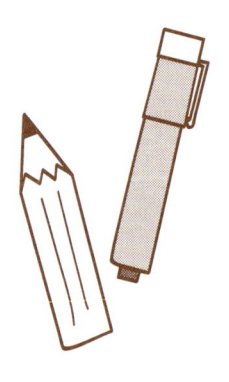

ドリル 11　つらかった時期を振り返ろう

これまでの人生で、つらかった、うまくいかなかった、と思う時期は、いつですか？

その時期は、どのような気持ちで、毎日をすごしていましたか？

どのようなところが、つらかったのでしょうか？

どのように、その時期を乗り越えたのですか？

ONE POINT アドバイス つらい経験からも、多くを学ぶことができます。何がつらかったのかを考えることで、自分が大切にしていることがはっきりしてきます。近藤さんの場合は、周りの人の良い面を見ることを大切にしていたのです。

　また、どのように乗り越えたかを振り返ると、自分にどのような強みがあるのかということもわかってきます。近藤さんには、快活さ、発散する方法や場をもっていること、職場以外の人とのネットワークがあること、という強みがありました。それらは、苦境を乗り越える際にも強みとして発揮され、近藤さんの心身を支えました。

　このような強みは、今後つらい時期が来たときにも、また活用できます。自分の強みを把握しておきましょう。

Sect. 5-3 いまはどのような時期かを考える

さて、それでは、いまはいったいどんな時期なのでしょう？ Sect. 5-1, 5-2で、充実していた時期、つらかった時期を振り返りました。それらの時期と比べ、いまの時期はどうでしょうか？

経理部に勤める近藤さんの記入例を見てみましょう。

Case 15　経理部に勤める近藤さんの事例2

これまでの充実していた時期、つらかった時期を振り返ってみると、いまはどのような時期ですか？
　つらかった時期を考えると、いまは平和な時期。職場の雰囲気もよく、仕事がしやすい。あの頃のネットワークが勉強会などに発展していて、そこでいい刺激を受けている。社内外の活動が活発な時期でもある。

そのようないまだからこそできること、したいことは何ですか？
　書いてみてあらためて、いまは自分が成長する時期だと感じる。そういう時期には、勢いに乗って、どんどんいろいろなことを学び、身につけたい。意識して、自分へのインプットをしようと思う。

あなたのいまは、どのような時期でしょうか？　以下に記入してください。

ドリル12　いまはどのような時期だろう

これまでの充実していた時期、つらかった時期を振り返ってみると、いまはどのような時期ですか？

そのようないまだからこそ、できること、したいことは何ですか？

ONE POINT アドバイス 過去の充実していた時期、つらかった時期と比較すると、いまの時期の特徴がよくわかります。時間の流れという大きな視点で、客観的にいまの自分を見てみましょう。

いまは、楽しい時期なのか、つらい時期なのか、活動する時期か、それともペースダウンしている時期か、一つのことに集中している時期か、それともいろいろなことに興味をもって自分の領域を広げている時期か。自分のことばでいまを表現すると、日々のできごとや自分の行動に意味づけができます。自分の人生の中で、いまがどのような意味をもっているかを認識していれば、楽しいこともつらいことも、自分なりに納得して受け留めることができるのではないでしょうか。

そして、そのようないまだからこそ、できること、したいことを、ぜひ行動に移しましょう。近藤さんの記入例には、活発ないまの時期だからこそ、自分の成長をさらに加速させたいという主旨がありました。いまの時期の特徴を活かして、それを満喫するという考え方です。

また、バランスをとるという考え方もあります。例えば、いまが仕事も私生活もハードな時期だと思ったら、「リラックスする時間をとろう」とか、「心身の健康にいつもより気を使おう」という対処策を考え、実行するのです。

いまの時期について認識ができれば、どのようにふるまえばよいかがわかってきます。人生の中に一度しかない今日という日を、有意義にすごしましょう。

Sect. 5-4 もっている資源を活用する

私たちは、人生を楽しみ、困難を乗り越えていくための資源をもっています。その資源を活用しましょう。

＜資源1：自分自身＞

最も大きな資源は、自分自身です。能力や知識、経験、性格など、すべて大いに活用できる資源です。

＜資源2：他の人とのかかわり＞

自分以外の人たちとのかかわりも、大切な資源です。職場の上司、同僚、後輩、友人や知人、家族などからの温かいサポートや理解、認知、交流などです。

＜資源3：会社や行政の制度＞

会社の福利厚生などの制度や行政の支援制度なども、資源の一つです。資格取得を考えるとき、病気や事故のときなど、うまく活用したい資源です。

あなたは、前記の資源を、これまで活用してきましたか？「この資源のことは考えたことがなかった」とか、「この資源ばかりに頼っていた」という感想をもつ人もいるでしょう。自分がどんな資源をもち、それをどう活用しているのかを、把握しておきましょう。

以下に書き込みながら、考えてみます。

ドリル13　もっている資源を確認しよう

＜資源1：自分自身＞
あなた自身の能力や知識、経験、性格などで、これから活用できるものを、いくつでも書き出しましょう。
例）○○の製品に詳しい。体が丈夫。明るく、落ち込みから回復するのが早い。

＜資源2：他の人とのかかわり＞
あなたを支えている上司、同僚、後輩、友人や知人、家族との交流、サポートや理解を書き出しましょう。
例）課長からの指導。同僚との雑談や飲み会。学生時代の友人たちとの情報交換。

<資源3:会社や行政の制度>
福利厚生や休暇の制度、地域や行政の制度など、活用できるものを書き出しましょう。この際、調べておくのもよいでしょう。
例)教育訓練給付制度が、入社して3年経つと受けられる。

ONE POINT アドバイス

書き出してみると、私たちは多くの資源に恵まれていると気づきます。それは、自分自身の中にもあり、周りの人や組織からのサポートという形でも存在し、ふだん見すごしがちな制度の中にもあります。

これからの毎日も、これらを大切に活用して楽しみ、あるいは乗り切っていきましょう。

コラム 自己効力感でモチベーション・アップ

　いままでやったことのない仕事を始めるとき、「私にできるだろうか」と不安になる人は多いと思います。自信がもてず、行動を起こせなかったりします。

　これは、自己効力感をもてないことが原因です。自己効力感とは、自分はこの仕事をやり遂げられるだろうという見通しのことです。

　社会的学習理論などの研究で知られている心理学者バンデューラ博士の研究によれば、次の４つが、自己効力感を高める要因です。それは、"成功体験"、"代理体験"、"励まし"、"生理的情緒的要因" です。

　成功体験は、自分がうまくやった経験です。

　代理体験は、他人がうまくやっている様子を見聞きし、「ああやればいいのか」と思うことです。

　励ましは、他人から「君ならやれるよ」とことばで説得されることです。

　生理的情緒的体験は、大事な場面で、心身ともに落ち着いた状態を保っているという感覚です。

　ある研究所の主任調査員、蒲田さんは、この４つを実践しているそうです。

　「やったことのない分野の調査を手がけるときは、不安で憂うつになります。そういうときは、まず自分に成功体験をさせます。といっても、すごく小さなこと

です。その調査の書類の、表紙を作ってしまうんです。これで、"あ、もう1ページできた"と思います。ささやかですが、成功体験から仕事をスタートできます。そして、過去の似たような調査の報告書を見て、参考にします。同僚に軽くグチを言って、なぐさめてもらう。あとは、おまじないです。深呼吸をして、肩を回す。これが自分のスタートの合図で、仕事に集中する儀式です。」

　4つそれぞれをうまくアレンジして、仕事に取り入れていますね。

　自分に合った方法で「私はできる」という自信をもち、モチベーションをあげましょう。

第6章
周りの人のモチベーションをあげる

この章では、自分以外の人のモチベーションを
あげることを考えます。
自分が周りの人のモチベーションに
どのような影響を与えているかを振り返り
今後どうサポートできるかを
明確にしていきます。

できました

Sect. 6-1 周りをあげると、自分もあがる

　周りの人のモチベーションをあげると、実は、あなた自身のモチベーションもあがります。

　まず、他の人のモチベーションに注意を払うようになると、自分のこともよくわかるようになります。比較することで、それぞれの特徴が見えてくるのです。特徴がわかれば、アップしやすくなります。

　そして、他の人のモチベーションをサポートすれば、多くの場合、感謝されたり評価されたりします。それは、あなたのモチベーションを刺激し、高めます。

　さらに、モチベーションは伝染します。周りが活き活きと高いモチベーションをもてば、それはあなたにも伝染します。周りもあなたも輝くようになるでしょう。

Sect. 6-2 相手のモチベーションをあげた経験を振り返る

　これまでに、だれかのモチベーションをアップさせたことがありますか？　仕事の場面、プライベートの場面で、あなたのことばや行動によって、相手がモチベーションをあげた経験を思い出してください。

　事例を読んでみましょう。

Case 16　新入社員を指導した掛川さんの事例

　「うちの会社にはチューター制というのがあります。入社2, 3年目の社員が、新入社員の個人教授みたいになって、アドバイスをしたり相談に乗ったりするんですよ。昨年、僕もある新人のチューターになりました。その新人から、"掛川さんは、先にこちらの意見を聞いてからアドバイスしてくれるので、すごく嬉しいし、やる気が出ます"といわれました。これは、僕自身が新人だったとき、チューターの先輩がしてくれたことだったんですよ。必ず、"君はどう思うの？"と、僕の意思を尊重してくれました。感激しました。それで、自分もやってみたんですが、やっぱりいいんですね。相手に喜ばれると、こちらのモチベーションもあがります。」

新人時代の掛川さんも、去年の新人も、「自分の意思が尊重されている」と感じ、モチベーションがあがりました。尊重されると、セルフイメージがあがり、自信が湧きます。これが、「よし、がんばろう」というモチベーションにつながるのです。相手の意見を聞くことで、モチベーションをサポートした良い例です。

　この他にも、相手のやる気をあげた例として、次のようなものがあります。

◆同僚から「前に私のことを"ライバルは○○さん"といってくれたよね。あれに刺激されて、がんばらなきゃ、と思った」といわれた。同僚のモチベーション・アップに、期せずして貢献した。(自動車販売会社勤務、男性)

◆後輩をほめるとき、できるだけ具体的にいうようにしている。「このプログラムの、この部分がいいよ」とか。相手も嬉しそうなので、たぶんモチベーションをあげていると思う。(システム・エンジニア、男性)

◆「いつも明るい声であいさつをしてくれるので、こちらも気持ちに張りが出るよ」と、お客様からいわれました。ささやかなことですが、モチベーションの足しになっていると思いました。(メーカー勤務、女性)

あなたの経験を思い起こしてみましょう。

ドリル 14　相手のモチベーションをあげた経験を振り返ろう

だれのモチベーションを、どのようにあげましたか？

あなたの行動の、どのようなところが相手によい影響を与えたと思いますか？

その経験を、今後、どのように活かしていこうと思いますか？

最後の質問には、どのように答えましたか？

　掛川さんに同じ質問を投げかけてみました。

　「相手を尊重するというのは、どういう場面でも大事なことだと思います。ただ、相手に尋ねるばかりでもダメですから、自分の意見もきちんともって、そのうえで相手の意見を聞きたいですね。相手も自分も大切にするという姿勢で、今後もいきたいと思います。」

　掛川さんは、自分の基本的な姿勢を確認したようです。

ONE POINT アドバイス　最後の質問への答えは、あなたが周りの人のモチベーションをサポートするときの貴重なヒントです。経験から学んだ、あなた独自のモチベーション向上策です。ぜひ、日常生活で活かしましょう。

Sect. 6-3 相手のモチベーションを下げてしまった経験を振り返る

　Sect.6-2 では、相手のモチベーションをあげた経験について考えました。逆に、相手のモチベーションを下げてしまったという経験も、だれしもあると思います。感情的になってきついことをいってしまった、良かれと思ってやったのに、予想外の反応があったなど、いろいろなケースがあるでしょう。

　次の事例を読んでみましょう。

Case 17　飲料品の営業に携わる加納さんの事例

だれのモチベーションをどのように下げてしまったのですか？
派遣のスタッフが作成した書類をもってきたとき、見もせずに、邪険な対応をしてしまった。その後、スタッフの態度が硬化し、仕事がしにくくなった。

あなたの行動のどのようなところが、相手にマイナスの影響を与えたのだと思いますか？　相手の側に立って、あなたの行動を見てみましょう。
そのスタッフは、きっと、自分の仕事をないがしろにされたと感じたと思う。自分が軽く見られているとも

> 思っただろう。僕の、相手をバカにしたような態度が、マイナスの影響を与えたのだと思う。
>
> その経験を、今後、どのように活かしていこうと思いますか？
> いま思うと、あのときは忙しくて、自分のことで手一杯になっていた。余裕のなさが、配慮のなさにつながったと思う。忙しいときほど、意識して気持ちを落ち着け、相手に気を配ったり、自分のふるまいに気をつけたりしたい。

　ネガティブな経験からも、「今後に活かす」と考えることで、意味のある学びが得られます。
　あなたの経験を、次のページに書いてください。

ONE POINT アドバイス　ここでも、最後の質問への答えは、貴重なあなた独自のモチベーションアップ法です。ぜひ、実際の仕事の中で使っていきましょう。

ドリル 15 相手のモチベーションを下げてしまった経験を振り返ろう

だれのモチベーションをどのように下げてしまったのですか？

あなたの行動のどのようなところが、相手にマイナスの影響を与えたのだと思いますか？ 相手の側に立って、あなたの行動を見てみましょう。

その経験を、今後、どのように活かしていこうと思いますか？

------

6 周りの人のモチベーションをあげる

Sect. 6-4 相手の良いところを見つける

　多くの場合、私たちは自分のよい面を認められ、それを評価されたりほめられたりすると、モチベーションがあがります。

　まず、相手の良いところを見つけましょう。

Case 18　旅行会社のカウンター業務に携わる金山さんの事例

　金山さんは、旅行会社に入社して4年目になります。いっしょに仕事をしている先輩のYさんの、良いところをリストアップしてもらいました。

1．怒らない。感情が安定している。
2．どんなお客様にも、態度が変わらない。
3．特に、年配のお客様に人気がある。
4．アジア方面の旅行に強い。
5．自分も旅行が好きなので、接客にも説得力がある。
6．何にでも興味をもち、私たちの雑談にも関心をもってくれる。
7．時間に正確。遅刻などは絶対ない。
8．机の上などが、きれいに片づいている。

9. パソコンの扱いを苦労して覚えた。努力家だ。
10. 気前がいい。

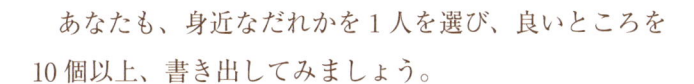

あなたも、身近なだれかを1人を選び、良いところを10個以上、書き出してみましょう。

ドリル16　相手の良いところをリストアップしよう

1.
2.
3.
4.
5.
6.
7.
8.
9.
10.

ONE POINT アドバイス 10個書き出すのは、なかなかたいへんです。あれこれ思い出して、良いところを探すことになります。こうすることで、ふだんの仕事の中でも、他人の良い面へのアンテナが張られるようになります。

　また、相手の良いところを見つけたら、それを相手に伝えましょう。可能であれば、相手の良い面に気づいたとき、すぐその場で伝えます。

「そういう明るい考え方は、すごくいいですね」

「すばらしいアイデアを思いつかれましたね」

という具合です。

　その他にも、このような例があります。印刷会社に勤める飯島さんは、お礼をいうときに、必ずひとこと付け加えるようにしているそうです。

「いつも期日前に納品してくださって、ありがとうございます。」

「今日の会議で、○○と□□を決定することができました。ありがとうございます。」

「お電話、ありがとうございます。お声がとてもお元気そうですね。」

など、感謝の内容を具体的にいったり、相手の様子について、肯定的なフィードバックをしたりするのです。

お礼自体が、相手のしてくれた良いことに対するコメントです。さらにひとことを加えることで、良いところをクローズアップしたり、他の良いところを併せて伝えたりできます。参考になるやり方だと思います。

　ただし、人によって受け取り方はさまざまです。「みんなの前で大げさにほめられるのは、気恥ずかしくてイヤだ」という人もいます。逆に、「大勢の前でいってもらうほうが嬉しい」という人もいます。

　相手に合わせて、伝え方を工夫しましょう。

お前最近いいぞ！

ありがとうございます

コラム 鏡のコミュニケーション

　息が合った二人というのは、しぐさが似ていたり、考え方に共通する部分があるものです。似ている、という感覚は、親密感とつながることがあるのです。

　相手をもっと理解したいと思ったら、相手をまねてみるのも、一つの方法です。

　例えば、相手が笑うときにいっしょに笑う、沈んだ表情になったら、同じように沈んだ様子をしてみる。早口になったら、こちらも早口に。鏡になったようにふるまうわけです。不思議なことに、表情や口調を同じにすると、気持ちも同調してくるように感じられます。

　これは、ミラーリングと呼ばれ、コーチングやカウンセリングの中で使われることもある方法です。

　あからさまにまねると、不信感を抱かれます。また、怒ったり興奮したりしているのをまねるのも考えものです。しかし、相手を理解したいという気持ちで、笑顔になったり、しんみりしたりするのは、自然なことです。

　鏡のコミュニケーション、活用してみましょう。

第7章
モチベーションの変化を促す

モチベーションは変化するものです。
この章では、モチベーションを
良い方向に変えることを考えます。
新しい人に会う
新しいことをする
発信して受信する、など
具体的な対策を立てましょう。

今考えてるプロジェクトが…

面白そうだな!

Sect. 7-1 変化するモチベーション

　モチベーションは変化するものです。半年前までは、さほど高いモチベーションをもっていなかったが、最近あがった、あるいは下がったということがあり得ます。

　これが、性格やもって生まれた資質とは異なる、モチベーションの特徴です。

　こんな事例があります。

Case 19 商社で貿易業務に携わる新条さんの事例

　新条さんは、今年で入社3年目です。最近、どうもモチベーションがあがりません。

　「1年目は、目新しいことばかりで、何をしてもおもしろかったです。上司からちょっとほめられただけで、すごく張り切って、がんばることができました。でも、このところ、調子が出ない感じです。ほめられても、叱られても、前のように刺激を感じないんですね。スランプですかね。3年目って、こういう状態になる社員がけっこういるっていう話も聞きました。」

　このように、新条さんは語ります。

以前は、上司からほめられることが、新条さんのモチベーションのモトになっていました。
　しかし、月日が経てば状況は変わります。任せられる仕事が大きなものになったり、後輩ができたりと、周囲の状況が変わりました。新条さん自身も経験を重ね、知識が増え、考え方も変わってきています。
　そのような変化にともない、新条さんのモチベーションも変化しようとしているのです。そのため、以前のモチベーションのモトも、そのままでは、うまく働きません。ほめられることが、モチベーションのモトとして機能しなくなっているのです。
　新条さんのモチベーションは、新しいモト、新しい支えを必要としています。
　「何となくモチベーションがあがらない」と感じたら、それは、あなたが大きく変化し、成長していることの証かもしれません。
　希望をもって、新たなモチベーションのモトを開発しましょう。

　＜人に会う＞
　いろいろな人に会いましょう。人との交流は、新しい

モチベーションを創造します。

「今度、ゆっくり会おう」といいながら、なかなかそれが実現しないという人はいませんか？ その人に、いますぐ連絡をとってみましょう。アドレス帳を開き、長いこと会っていない人に、電話してみましょう。

また、いままで会ったことのない人にこそ、会ってみましょう。いままで出席したことのない会合に出てみたり、初めてのお客様や取引先と積極的にアポイントメントをとりつけます。いつものネットワークを、グッと押し広げるのです。

＜新しいことを始める＞

この1カ月で、新しく始めたことはありますか？ 新しい仕事にとりかかる、新しい習いごとや勉強を始める、新しいレストランや書店を開拓する、仕事で新しいやり方を試す。いろいろな「新しい」にトライします。

新しいことに触れると、新しいモチベーションが湧いてきます。

ドリル17　モチベーションを刷新しよう

いろんな人に会いましょう。この人に会おう、と思う人を3人あげてください。

_____

_____

新しいことを始めましょう。今週、もし新しいことを始めるとしたら、何ですか？

_____

_____

Sect. 7-2 発信すれば、受信できる

　モチベーションを良い方向に変化させるために、ぜひトライしてほしいのが、発信することです。
　一番良いのは、自分の夢、目標、チャレンジしたいことを、できるだけ多くの人に伝えることです。例えば、こんなことを口にするのです。
「業界ナンバーワンのエンジニアになりたいんです。」
「今度手がける仕事は、いままでで一番いいものにしたいんです。」
「〇〇の資格をとりたいんです。」

＜宣言してモチベーションをあげる＞

　なりたい、したい、と口にすること、つまり宣言することでセルフイメージが変わります。「私は、こういうことをしたい人間なんだ」という、自分に対する新しいイメージができるのです。
　セルフイメージは、モチベーションに影響します。例えば、何かの研修があったとして、「ナンバーワンになりたい自分」というイメージがあると、「そういう人間ならば、当然、この研修に参加し、知識を身につけるだ

ろう」と感じ、積極的に行動するのです。モチベーションが高まり、夢や目標に近づきます。

<アンテナを張る>

　口にすることで、意識が高まり、情報をキャッチしやすくなります。百貨店で販売促進に携わる瀬戸さんは、「催事の企画で、業界ナンバーワンの顧客動員数を記録したい」といい続けていました。すると、新聞やニュースでも、「○○万人が来場しました」という話に敏感に反応するようになりました。情報が集まり、集客の要因がわかってきたと、瀬戸さんはいいます。

<応援される>

　あなたの発信を受け留めた人たちから、応援してもらうことができます。

「○○の資格とりたいっていっていたね。インターネットに、こんなサイトがあったよ。」

と役に立つ情報をもらえます。そして、何より大切なのは、そうやって、目標を思い出させられることです。目標は掲げたけれど、時間が経って気が緩んできた、というときに、周りの人から「あれはどうしたの？」と、刺激してもらえます。自分の発信が、ブーメランのように、自分に返ってくるわけです。

あなたの夢や目標、好きなこと、最近感じたことなどを、多くの人に発信しましょう。

ドリル18 発信しよう

まずは、何を発信したいですか？

だれに、どのように発信したいですか？

ONE POINT アドバイス
ぜひ、発信しましょう。夢や目標だけでなく、興味があること、好きなこと、得意なこと、助けが必要なことなど、おりにふれて口にしましょう。

発信することで、セルフイメージが変わり、あなた自身が変わります。役立つ情報をキャッチでき、さらに、いろいろな人から応援されるようになります。自ずとモチベーションが高まります。

おわりに ──この本を閉じたら

　この本を閉じたら、すぐに、モチベーションアップにつながることを何か一つしましょう。

　第1章で考えたように、いまのモチベーションを数字で表してみる、というのもよいですね。スケジュール帳をめくってみて、このところ、自分のモチベーションはどんなふうだったかを振り返ってみる。それだけでも、モチベーションを意識することにつながります。

　第2章では、モデリングについて学びました。だれを目標にしようかを考え、その人の行動を観察する、その人と会話をするのはどうでしょう。モチベーションに、よい刺激を与えられそうです。

　第3章で考えたように、自分の出した結果を確認するのもよいでしょう。関係する人に「私のあの仕事、どうでしたか？」と聞いてみるのです。参考になる意見を聞けたり、次の仕事のヒントを得たりするはずです。

　第4章では、事例を通して適職感について考えました。この本を閉じたら、自分の適職感について考えるのも有意義だと思います。もし適職感がもてていないとしたら、それはなぜか、うまくできないからか、性格や価値観と合わ

ないからか、あるいは職場に違和感があるのか、考えてみるのです。それぞれに、対策があるはずです。

　第5章では、自分自身や、周りからのサポート、組織や行政の制度などを、人生を楽しみ、味わう資源としてとらえてみました。あらためて、自分がもつ資源を見直してみるのも、モチベーションを高めることになるでしょう。

　第6章では、周りの人のモチベーションについて考えました。この本を閉じたら、最初に会った人に、モチベーションをあげることばをかけてみてはどうでしょう。相手のモチベーションをあげるという行動は、めぐりめぐって、あなた自身によい影響を与えます。

　最後の第7章では、モチベーションを刷新するために、人と会うこと、新しい何かを始めることを考えました。この本を閉じたら、まず、だれに会うかを考え、連絡をとってみてはどうでしょうか。

　まず行動を起こすこと、実際にやってみることです。一歩を踏み出すと、次の一歩がついてきます。

　この本が、あなた自身のモチベーション・アップ、そして職場のモチベーション・アップの役に立つことを、心から願っています。

ドリル 19　この本を閉じたら、最初にすること

この本を閉じたら、モチベーションがあがることを何か一つしてみましょう。
どんなことをしたいですか？

　進み続けましょう。一歩一歩は小さくても、歩み続けることで、ずいぶん遠くまで行けるものです。
　そして、あなたの人生を、あなたらしいモチベーションで活き活きとすごしましょう。

著者紹介

菊入(きくいり)みゆき

東京外国語大学スペイン語学科卒。産業・組織心理学会会員、日本産業カウンセリング学会会員。

1993年から12年間、株式会社JTBモチベーションズで、ワーク・モチベーションの研究とコンサルティングに携わる。開発した商品は、「やる気」分析システムMSQ、インターネットを使った相談室「仕事のやる気 コーチングルーム」、個人向け「やる気」診断サービスなど。

主な著書は、『1日10分心のストレッチ やる気を高めるレッスンブック』(東洋経済新報社)、『ムカッときたとき読む本』(KKベストセラーズ)、『できる人の口ぐせ』(中経出版)、『仕事がデキる人の8つの性格』(幻冬舎)、『やる気を生みだす気づきの法則』(三笠書房)、『イラストでわかる やる気が出ないとき読む本』(東洋経済新報社)など多数。

現在はフリーで、コーチング、コンサルティング、研究、執筆活動を行う。

モチベーション・アップ ドリル
―仕事も生活もいきいきと―

2007年10月25日　第1刷発行

著者　菊　入　みゆき
発行人　谷　口　弘　芳

検印省略

発行所　株式会社 日科技連出版社
〒151-0051　東京都渋谷区千駄ヶ谷5-4-2
電話　出版　03-5379-1244
　　　営業　03-5379-1238〜9
振替口座　東京 00170-1-7309

Printed in Japan　　印刷・製本　河北印刷株式会社

© Miyuki Kikuiri 2007
ISBN 978-4-8171-9239-4
URL http://www.juse-p.co.jp/

本書の全部または一部を無断で複写複製(コピー)することは、著作権法上での例外を除き、禁じられています。